Pediatric Nurse Notebook

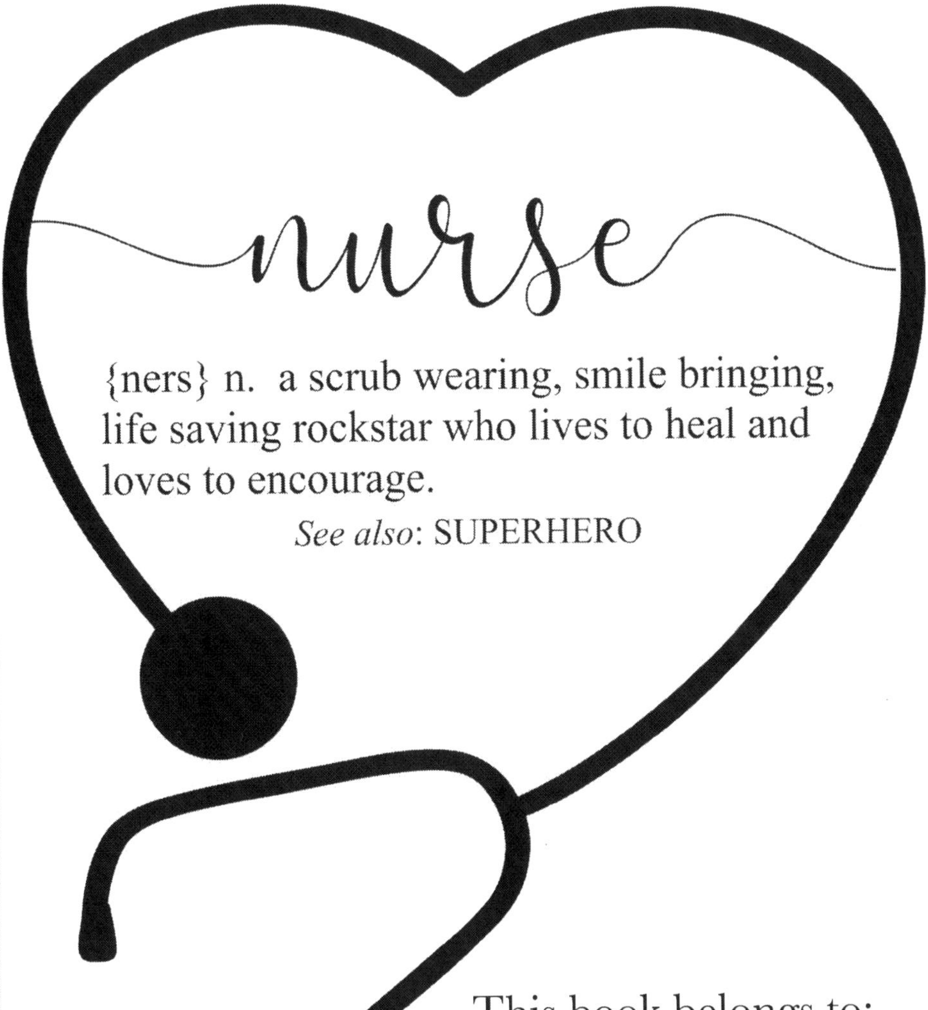

This book belongs to:

____

DATE: ______________

DATE: ___________

DATE: ____________

DATE: ____________

DATE: ____________

DATE: ____________

DATE: ____________

DATE: ____________

DATE: ____________

DATE: ____________

DATE: ______________

DATE: ____________

DATE: ______________

DATE: ____________

DATE: ____________

DATE: ____________

DATE: ___________

DATE: ____________

DATE: ____________

DATE: ____________

DATE: ____________

DATE: ___________

DATE: ______________

DATE: ____________

DATE: ____________

DATE: ___________

DATE: ___________

DATE: ____________

DATE: ____________

DATE: ____________

DATE: ___________

DATE: ____________

DATE: ___________

DATE: ______________

DATE: ____________

DATE: ___________

DATE: ___________

DATE: ___________

DATE: ___________

DATE: ____________

DATE: ____________

DATE: ___________

DATE: ___________

DATE: ______________

DATE: ______________

DATE: ___________

DATE: ____________

DATE: ___________

DATE: ____________

DATE: ____________

DATE: ___________

DATE: ____________

DATE: ____________

DATE: ___________

DATE: ____________

DATE: ____________

DATE: ____________

DATE: ___________

DATE: ___________

DATE: ___________

DATE: ___________

DATE: ____________

DATE: ___________

DATE: ____________

DATE: ___________

DATE: ___________

DATE: ___________

DATE: ___________

DATE: ____________

DATE: ____________

DATE: ___________

DATE: ___________

DATE: ___________

DATE: ____________

DATE: ____________

DATE: ____________

DATE: ___________

DATE: ___________

DATE: ____________

DATE: ___________

DATE: ____________

DATE: ___________

DATE: ____________

DATE: ____________

DATE: ___________

DATE: ____________

DATE: ____________

DATE: ___________

DATE: ___________

DATE: ___________

DATE: ____________

DATE: ___________

DATE: ____________

DATE: ___________

Quotes from Patients

Date

Who?

Where?

Quote

Quotes from Patients

Date

Who?

Where?

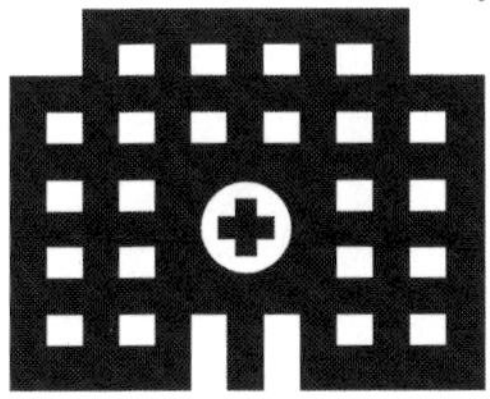

Quote

Quotes from Patients

Date

Who?

Where?

Quote

____

____

____

____

Quotes from Patients

Date

Who?

Where?

Quote

Quotes from Patients

Date

Who?

Where?

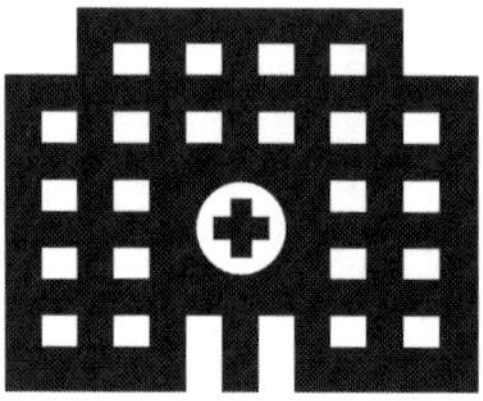

Quote

Coloring Section

I Had Fun Once, Then I Went To Nursing School

Ativan A Nurse's Best Friend

Eat.
Sleep.
Nurse.
Repeat

DO NOT MAKE ME SEDATE YOU.

Best Nurse Ever

I'VE SEEN MORE PRIVATES THAN THE ARMY GENERAL

Living
That
Scrub
Life

Nurse Squad

If You're Happy and You Know It, It's Your Meds

Made in the USA
Las Vegas, NV
04 October 2021

31686625R00065